হৃদয়পুর

শেফালিকা আশ

Copyright © Shefalika Ash
All Rights Reserved.

This book has been published with all efforts taken to make the material error-free after the consent of the author. However, the author and the publisher do not assume and hereby disclaim any liability to any party for any loss, damage, or disruption caused by errors or omissions, whether such errors or omissions result from negligence, accident, or any other cause.

While every effort has been made to avoid any mistake or omission, this publication is being sold on the condition and understanding that neither the author nor the publishers or printers would be liable in any manner to any person by reason of any mistake or omission in this publication or for any action taken or omitted to be taken or advice rendered or accepted on the basis of this work. For any defect in printing or binding the publishers will be liable only to replace the defective copy by another copy of this work then available.

বিষয়বস্তু

বিষয়বস্তু

১. চতুর্দশীর স্বপ্ন

যখন ছিল সে চতুর্দশী
স্বপ্নেরা সব রামধনু রং মেখে
সমুখে দাঁড়াতো আসি ।।
বলতো তারা সদাই
‘ওগো চতুর্দশী’
তোমায় বড় যে ভালবাসি
চতুর্দশীর মধ্য গগন
উধাও তখন রামধনু রং
নিশীথ রাতের নিদ্রায় তারা
বাজাতো মধুর রাঁশী
চতুর্দশীর সান্ধ্য আকাশে
ডাকে রামধনু বড়ই আবেশে
এবার হোলো যে যাবার সময়
একসাথে চলো যাই ।
চতুর্দশী জীর্ণ হোলো কখন?
অবাক চোখে দেখে রামধনু রং
শীর্ণা চতুর্দশী বলে
কেমন করে যাব বলো ভাই
আমি আজও যে চতুর্দশী

 2. একটি পাখি

ছোট্ট একটি পাখি
মনের সুখে ঘুরে ঘুরে
গাইতো খালি গান –
গানের সুরে সকলেরই
ভরে যেত প্রাণ ।
হঠাৎ পাখির প্রাণে,
কি হল কে জানে
চ'লে গেল ছোট্ট পাখি
অজানা কোন বনে,
শুধু গানের রেশটুকু যে
থাকলো সবার মনে ।

৩. তোমার তরী

তুমি যদি নদী হতে
আমি তোমার বুকে,
তরী হয়ে আমি সেখায়
ভাসতাম পরম সুখে ।
উথাল পাথাল ঢেউয়ে যখন
নাচেতে প্রলয় নাচন,
সেই নাচেতে আমি তোমার
সঙ্গী হতাম তখন ।
তোমার স্রোতটি মিশে যেত
সাগরেরই বুকে,
হারিয়ে যেতাম তোমার সাথে
ভেসে মহা সুখে ।

4. পিসিমার প্রয়াণ

দীর্ঘ যাতনার শেষে –
পৌঁছিয়াছ অবশেষে –
পূণ্য অমৃতধামে,
মাতা নও, তবু যেন তারও বেশী
যত ভাইবোন তাই এত ভালবাসি ।
সকলের শ্রদ্ধাঞ্জলী চরণে তোমার.
নিবেদিন শেষ প্রণামে

5. ভালোবাসি

প্রথম যেদিন হল দৃষ্টি বিনিময়,
অস্ফুটে শরমে রাঙা কহিল হৃদয় ।
"ভালোবাসি"
কেটে গেল সুখে ভরা কত মধুযামিনী
জপমালা হয়ে রহে হৃদয়েরই বাণী ।
"বড় ভালবাসী"
কত দুঃখ বেদনায় সৃষ্টি হয়েছে কত ক্ষত,
তবুও সেই বাণী হৃদয়েতে রহিল অক্ষত ।
"ভালবাসী আরও ভালবাসী"
জীবনের দীপখানি নিভে গিয়ে হল অন্ধকার,
অন্ধকার কক্ষ হতে হৃদয়
কহিল শেষবার –
"ভালবাসী" – ভালবেসে বিদায় দিলাম এবার ।

৬. হারিয়ে যাবার দিন

হারিয়ে গেছে ছোটবেলার
শোনা রং এর দিন ।
হারিয়ে গেছে কিশোর বেলার
লেখাপড়ার দিন ।।
হারিয়ে গেছে যৌবনেরই
মধুভরা দিন ।
হারিয়ে গেছে মধ্যকালের
সংসারেরই দিন ।।
হারিয়ে গেছে দুজনের
সঙ্গে থাকার দিন ।
এখন শুধু গুনছি বসে
হারিয়ে যাবার দিন ।।

7. দুটী পাখী

উষ্ণ এক বৃক্ষ শিরে
ছোট্ট একটী বাঁধা নীড়ে
মনের সুখে ছিল দুটী পাখী ।
মনের সুখে গেয়ে গান
সব পাখীদের ভরে প্রাণ
দুইজনেতে থাকত মুখোমুখী ।
নীড়ের ধারে নিশিশেষে
উষা যখন পড়ত এসে,
একই সুরে গাইত দুটী প্রাণ ।
সেই সুরেরই ছোঁয়া লেগে
সব পাখীরা উঠত জেগে
শুনে তাদের প্রিয় মধুর তান ।
হঠাৎ ব্যাধের একটী তীর
একটী পাখীর বিঁধল শরীর
মরণ এসে নিল তারে কেড়ে ।
স্তব্ধ হলো পাখীর গান,
সদাই কাঁদে আরেক প্রাণ
খুঁজে ফেরে প্রাণের সাথীটীরে ।

৪. ঠিকানা

কেমন করে পৌঁছে যাব
মাগো, তোমার দোরে,
সেই পথ যে, কভু তুমি,
দেখাও নি তো মোরে ।
সারা জীবন ঘোরালে মা
নানা রকম পথে,
আসল পথের হদিশ খানি
রাখলে নিজের হাতে ।
সেই পথেরই ধারে মাগো
বসেছি দীন বেশে,
দুয়ার খুলে দেখাও আলো
রাজেন্দ্রানীর বেশে ।
অনন্ত সেই আলোর পথে
এবার যাব চলে,
দয়া করো মাগো আমায়
সেই ঠিকানা বলে ।

৭. অমৃতধাম

মায়ের কোলে স্থান পেয়েছি
বলব না তো কোনো কোথা,
বরাভয় মোর মাথায় আছে
ভুলে গেছি সকল ব্যথা।
তোমার কোলে বসে মাগো
জপব আমার হরির নাম
মহানাম জপ করে যে
পৌঁছে যাব অমৃতধাম ।

১০. বিজয়া দশমী

প্রতি বছর বিজয়া তিথি
আসবে ফিরে ফিরে,
বিসর্জনের ঢাক বাজবে বুকে
শুধু তোমাদের সিরে ।
হাসিমুখে থাকতে হবে –
তবুও –
কষ্ট হলেও ভুলতে হবে –
তোমাদেরও ।
তাই দেখতে আমি চাইনা
আর কোনো বিজয়া
সেইটুকু সাধ পূর্ণ করো মাগো
সেই তো পরম পাওয়া ।
বিসর্জনের ঢাক বাজুক সেখায়
যেথায় শুধুই আমি
সেই তো আমার জীবনের
শ্রেষ্ঠ বিজয়া দশমী ।

11. কালী

আমার শ্যামা মায়ের
আরেক নাম যে কালী
আমার এই কলমেতে লেখার সময়
হও মা তুমি কালি ।
আমার দেহ মনে যত লেগেছে কালি,
মুছে দাও গো ও মা কালী ।
কালিমুক্ত হলে তবেই
তোমার নামটি লিখব কালী ।
কলমেতে হয়ে কালি
নামটি তোমার লেখাও কালী ।
আমার খাতার সাদা পাতা
কালো হোক তোমার নামে কালী ।
আমার জপের কৃষ্ণনাম
তারও রঙ যে বড়োই কালী ।
যখন জপি কৃষ্ণনাম
তখন সদাই সঙ্গে থেকো কালী,
কালী নামের কালি মেখে
মুছে যাক মোর সকল কালি ।
কালিশূন্য হয়ে আমি
ঘুমাব তোমার কোলে কালী ।

12. মাতৃনাম

কত রূপে বিরাজিছ মা,
কত শত মন্দিরে
কত শত ভক্ত পূজে
নানা উপচারে ।
আমার তো নাই মা গো
কোনো উপাচার
শুধু অশ্রুজল আর
মাতৃনাম সার ।
গঙ্গাজল অশ্রু মোর
মাতৃনাম মালা,
তাই দিয়ে ভরি সদা
তব পূজা থালা ।
হৃদি সিংহাসনে মাগো
সতত বিরাজ
যখন যে রূপে চাই
সেই রূপে সাজো
যবে অন্তিমকালে অংকে তব
হবে মোর স্থান
হরি হরি বলে যেন
যায় মোর প্রাণ ।

13. শ্যামা

শ্যামা তোর কালো রূপের আলো দেখে
লুকায় যে মুখ পূর্ণশশী
করেতে তোর কখনো অসি
কখনো বাজে মোহন বাঁশি ।
আঁধার বসন জড়ায়ে অঙ্গে
আছিস যে তুই বিশ্বজুড়ে,
পীতাম্বর হয়ে আবার
থাকিস যে মোর হৃদয়পুরে ।
মুণ্ডমালা কণ্ঠে লয়ে
নাম হলো মা মুণ্ডমালী,
আবার সেই কণ্ঠে বনমালা
দুলিয়ে হলি বনমালী ।
কোটি সূর্য গ্রহ তারা
আছে যে তোর পদতলে,
আবার ঐ চরণতলে বুক পেতে যে
শিব যে গেল জগত ভুলে ।
সংসারেতে বিপদ মাঝে
দুর্গা নামটি যবে স্মরি,
বাণী হয়ে কণ্ঠে আমার
পথটি দেখাও হয়ে শ্রীহরি ।
কখনো তুমি রুদ্ররূপে
হও যে মাগো ভীষণ ভয়াল

আবার শ্যাম অঙ্গের মোহন রূপে
হও যে হরি পরম দয়াল ।
নয়ন মুদে দেখি সেখায়
নিকষ কালো অন্ধকার,
তোমার দয়ায় কালোর মাঝে
আলো দেখি চমৎকার ।

14. স্থান

যেমন করে একে একে
সব কিছু তুই নিলি কেড়ে
তেমন করেই আমার থেকে
আমিটাকে নে তুই মা চিরতরে
তবেই তোর চরণতলে
যাবার পথটি খুঁজে পাব,
আনন্দময়ী মা আমার
কভু তোকে না হারাব ।
বাউল করেই তুই যে আমায়
পাঠিয়েছিলি এই ধরায়
তাই তো আমার নেই যে বাঁধন
নেই যে ঘর, নেই কোথায় ।
অনেক দুঃখ দিয়ে তুই যে
একটি বাঁধনে বেঁধেছিলি
সেই বাঁধনও খুলে দিয়ে
চিরমুক্তি আমায় দিলি
কিসের তরে তবে আমায়
রেখেছিস মা এমন করে
একটু খানি স্থান দে মা তারা
চরণ তলে দয়া করে ।

15. চারটি বছর পরে

দীর্ঘ পথ পরিক্রমী
প্রশ্ন জাগে মনে
তবে চিত্তে
কোথা ছিল মোর স্থান
বিস্মৃতি অথবা স্মরণে ?
সবখানে মোর ঠাঁই আছে ভেবে
মনে ছিল কত আশা
নাই নাই স্থান, নাই কোনোখানে
নাই কোনো ভালোবাসা ।
ক্লান্ত দেহ আজ
দৃষ্টি হলো ক্ষীণ
অজানা কোন অপরাধে
বিধাতা হৃদয়হীন
হে মোর ইট প্রভু
মনে প্রাণে আজ তাই
তোমাকে চাই শুধু
তোমাকেই চাই

16. তোরা ভাদ্র

হৃদয় যখনই হয়েছে উতলা
না পেয়ে তোমার দেখা,
লেখনীতে যত অনুভূতি মোর
হয়েছে আবেগে লেখা
যত কিছু লেখা সুখ দুঃখের
স্মৃতি হতে ফুল তোলা
সেই ফুল দিয়ে প্রণাম করি যে,
গেঁথে বিরহের মালা ।
পিছনের দিকে ফিরে যবে চাই
দেখি অতীতের ছবি,
আলো আঁধারের কত না দৃশ্য
মিলে মিশে যায় সবি ।
ভোরের সূর্য্য এসে দাঁড়ায়েছে
শেষ অপরাহ্ন বেলায়
অস্তাচলের সময় হল যে,
হল যে যাবার সময় ।

17. মরণ খেলা

রাজাধিরাজ ওগো মরণ
অনুভবে হয় মনে,
তুমিই আমার প্রাণের সুজন ।
আমার প্রাণের ওগো সুজন –
দেখে তোমার ধীর আগমন,
দিয়েছিলাম তোমার হাতে
আমার প্রাণের হৃদয়রতন ।
ওগো বন্ধু ওগো মরণ
ধীর পায়ে নয় এস সখা
প্রলয়রূপে দেখি তোমার আগমন
ওগো রাজা, সখা মরণ
হাতটি আমার ধরে তুমি,
নাচ দেখি প্রলয় নাচন ।
আমার সুজন সখা মরণ
দুয়ার খুলে বসে আছি,
আসবে কবে পরম লগন ।
আমার প্রিয় ছিল যারা
মরণ খেলায় মেতেছে তারা ।
ঐ খেলাতে মাতব বলে –
গুনছি দিন হয়ে মগন ।
এস বন্ধু, এস প্রিয়
জীবন দিয়ে করি বরণ ।

শেফালিকা আশ

১৪. হে মৃত্যু

তিনটি বছর আগে
ছিলে তুমি বহু প্রতীক্ষীত,
দুয়ারে দাঁড়ালে যবে
জীবন সূর্য্য মোর হলো অস্তমিত ।
হাস্য মুখর সদা বর্তমান
নিমেষে হলো যে অতীত ।
সেদিনের সেই সে বর্তমান,
একবার শুধু একবার,
পুনরায় ধরা দিক
জীবনে আমার
হোক সে কল্পনা
হোক সে স্বপ্ন
তবু সে আলোর ছটায়,
প্রাণ মোর হোক উদ্ভাসিত ।
মুছে যাক যত গ্লানি
যত কিছু অপমান
তোমার অমৃত স্পর্শে
শেষ দিনগুলি মোর
হোক উজ্জিবীত ।

19. ১১ই ফাল্গুন

অতীতের এক গোধূলী ফাল্গুনে
পূর্ণ হতে আমার জীবনে,
"তুমি আসবে বলে"
তোমায় দেখার আগে
তোমার কথা যখন শুনেছি
মনে হয় সেইক্ষনেই
তোমায় ভালবেসেছি ।
"তুমি আসবে বলে"
তোমায় প্রথম যখন দেখেছি
ভালবাসার কল্পনায়
শিহরিত হয়েছি ।
"তুমি আসবে বলে"
ভালবাসার রঙ লাগিয়ে
তোমায় রূপ দিয়েছি
আমার দেওয়া রূপে তোমায়
নিত্য পূজা করেছি ।
"তুমি আসবে বলে"
তোমার কাছে অনেক দুঃখ পেয়েছি
সেই দুঃখ কাঁটার যত বেদনা
হৃদয়েতে সয়েছি ।
"তুমি আসবে বলে"
ভালবাসা দিয়ে

সব দুঃখ মুছেছি ।
দুঃখ মুছে হৃদয় আমার
তোমার রূপে ভরেছি ।
"তুমি আসবে বলে"
আমার না দেখা প্রথম ভালবাসা
পূর্ণ করে তুলেছি ।
সেই ভালবাসায় আজ
সদাই আমি
তোমার সাথে রয়েছি
পূর্ণ আমি যে হয়েছি,
শুধু
"তুমি আসবে বলে"

20. ছয়ই শ্রাবণ

আয় ভাই চলে যাই
সুদূর অতীতে
যদিও কালের প্রলেপ
পড়েছে স্মৃতিতে ।
আর কেহ নাই সেথা
শুধু মোরা দুইজন
মুছে গেছে বহু স্মৃতি
তবু ভালোবাসি সর্বক্ষণ ।
সেই ভালোবাসা দিয়ে আজ
স্মরিলাম ছয়ই শ্রাবণ
যদি থাকি ধরণীতে
পুনর্বার এইদিন করিব স্মরণ ।

21. ছয়ই শ্রাবণ

কল্পনায় গড়া আমার
হৃদয়পুর সুখআলয়,
কত কি যে বন্দী সেখায়
কভু তাদের হবে না লয় ।
সেই আলয়ে একটি ঘরে
আছে প্রিয় "ছয়ই শ্রাবণ",
জাগো এবার "ছয়ই শ্রাবণ"
ভোর হয়েছে অনেকক্ষণ ।
মুক্ত করে দিয়ে তোমায়
আশীষ করি বরিষণ,
একটি বার সামনে এসে
বলো দেখি আছো কেমন?
হৃদয়পুরের আলয়ে মোর
সদাই বাজে সুখের সুর,
চকিতে যাই সেই ঠিকানায়
নয়তো সে যে বহুদূর ।
হৃদয়পুরে আছে যারা
হারায় না তো কভু তারা ।
হৃদয়পুরের হৃদয় মাঝে
দেখি তাদের সর্বক্ষণ
সেই হৃদয়ে ভালবাসায়
বন্দী আছে "ছয়ই শ্রাবণ" ।

শেফালিকা আশ

২২. সে যে মোর ভাইবোন

ভাই ছয়ই শ্রাবণ
ছিল যবে তোর জন্মক্ষণ
পনকেই সেইদিন একাশিশু হোল দুইজন
"সে যে মোরা ভাইবোন" ।
স্নেহপ্রীতি বীজ হতে হলো অঙ্কুর
অঙ্কুরিত তরুখানি বড় সুমধুর
সেই তরুপাকে বাঁধা হোলে দুইজন
"সে যে মোরা ভাইবোন" ।
সেদিনের তরুখানি মহীরুহ আজ
শাখা প্রশাখায় পেয়েছে নতুন সাজ
সেই সাজ মাঝে বাঁধা আছে দুইজন
"সে যে মোরা ভাইবোন"
কর্মব্যস্ত দুজনার জীবনের গতি দুই দিকে
নিত্যদিন সংসারের বহুমুখী ফাঁকে
সেই গতি মাঝে বাঁধা আছে দুইজন
"সে যে মোরা ভাইবোন" ।
আজ ছয়ই শ্রাবণ
এক শিশু মুহূর্তে হোলো যে দুজন
কালের নিয়মে তারা বৃদ্ধ এখন
এক সাথে বাঁধা আজো দুইজন
"সে যে মোরা ভাইবোন" ।

23. সুর

সুরে সুরে বাঁধা ছিল
তাহাদের যত কথা
একটী নিমেষে ছিঁড়ে গেল সুর
সব কথা হল রূপকথা ।
যা কিছু চলার সব কিছু
নিয়ম মতই চলে যায় ।
শুধু যে যাবার একা একা শুধু
অজানা জগতে হারিয়ে যায় ।
যে একা থাকে শূন্য হিয়ায়
দিন কাটে তার চাতকের প্রায়
বৃষ্টির মত আসবে কবে
শেষ দিনেরই প্রতীক্ষায় ।

24. হে পঁচিশে বৈশাখ

হে পঁচিশে বৈশাখ

যে রবি করের পরশ লেগে

ভরিয়া উঠিলে মহা গৌরবে

সে রবি কভু নাহি হবে অস্তমিত,

বিশ্বের শত বন্দনায়,

কবিগুরুর আলোকধারায়

যুগে যুগে তুমি হবে উদ্ভাসিত।

হে পঁচিশে বৈশাখ

কতকাল হল যে বিগত

কতযুগ আছে অনাগত

কত কিছু ক্ষয় হবে, লয় হবে

উজ্জ্বল জ্যোতিষ্ক সম তুমি শুধু

বিরাজিবে হয়ে চির বন্দিত।

হে পঁচিশে বৈশাখ

তাপদগ্ধ খর কাল বৈশাখে

তুমি শুধু স্নিগ্ধ রবে অনন্য পরশে

"মহিমময় সেই লগ্ন "

যে লগ্ন তোমারে করিল চির বরেণ্য

ওগো পঁচিশে বৈশাখ

সেই কবি সাথে হলে তুমিও

চির প্রণম্য।

25. বাইশে শ্রাবণ

গুরুদেব –
বৎসরান্তে যবে আসে
বাইশে শ্রাবণ,
সাধ জাগে হৃদয়েতে
করিতে তর্পণ ।
কিন্তু হায় ! আমি এক নারী
অতি সাধারণ
বাণী নাই, ছন্দ নাই
আছে শুধু মণ ।
কবিগুরু, বিশ্বকবি, কত নামে
বিশ্ববাসী ডাকে যে তোমায়,
তুমি শুধু গুরুদেব হয়ে আছ
আমার সমস্ত সত্ত্বায় ।
আনন্দের সঙ্গী তুমি
দুঃখের সান্ত্বনা
বন্ধুরূপে শিখায়েছ মৃত্যুরে করিতে আবাহন
মুছায়েছ সকল বেদনা ।
হৃদয়ের গভীরে যে দীপশিখা
জ্বলে অনির্বাণ
তোমার অমৃত সংগীত পরশে
সে দীপ সদা
গাহিতেছে গান

তোমাতেই চিত্ত মোর
করিয়া অর্পণ
"হে গুরুদেব"
তর্পণ করিলাম
"বাইশে শ্রাবণ"

26. ঠাঁই

কোন সে কর্মফলের পাপে
ঠাঁই দিলি না চরণ তলে
আমার প্রাণ ভোমরা নিয়ে
মাগো দুহাত দিয়ে নিলি কোলে
আকুল হয়ে ডাকি সদাই
এবার যে ঘুমোতে চাই
ঐ চরণ তলে দে মা ঠাঁই
আর যে আমি কিছুই না চাই ।

২৭. চৈত্রের কুড়ি

প্রণমিয়া মাতৃপদে
ইষ্টদেব রাখি হৃদে
মাতৃরূপে করি সদা আশীর্বাদ
পূর্ণ হোক তব যত অপূর্ণ সাধ ।
একদা অতীতে
"চৈত্রের কুড়িতে"
ফুটেছিল এক কমলকলি
আজিকে প্রভাতে
"চৈত্র কুড়িতে"
পূর্ণ বিকশিত সে কমলকলি ।
আগামী দিনেতে
"চৈত্র কুড়িতে"
সহস্র দলেতে শোভিবে সে কমলকলি
অনাগত সেই ক্ষণেতে
"চৈত্রের কুড়িতে"
মোর কায়া নাহি রবে এই ধরণীতে
তবু জেনো আশীর্বাদ মোর সদা রবে
তোমাদের সাথে ।

২৪. ঘুম

ঘুমের মধ্যে স্বপ্নে দেখি,
আছিস যে তুই দাঁড়িয়ে,
ডাকতে গেলাম তোকে আমি
ব্যাকুল দুহাত বাড়িয়ে ।
ঘুম যে আমার ভেঙে গেল
গেলি যে তুই হারিয়ে
হারিয়ে যাবার তরেই তুই
গেছিস বুঝি পালিয়ে ।

www.ingramcontent.com/pod-product-compliance
Lightning Source LLC
Chambersburg PA
CBHW031249130726
47988CB00008B/3305